Marc-Thilo Hartmann/Sarah Koß

Sorgfalt, Konzentration und Präzision üben und stärken

Fächerübergreifende Materialien
für die 3./4. Klasse

Kopiervorlagen mit Lösungen

Gedruckt auf umweltbewusst gefertigtem, chlorfrei gebleichtem
und alterungsbeständigem Papier.

1. Auflage 2010
Nach den seit 2006 amtlich gültigen Regelungen der Rechtschreibung
© by Brigg Pädagogik Verlag GmbH, Augsburg
Alle Rechte vorbehalten.
Das Werk und seine Teile sind urheberrechtlich geschützt. Jede Nutzung in anderen als den gesetzlich zugelassenen Fällen bedarf der vorherigen schriftlichen Einwilligung des Verlages. Hinweis zu § 52 a UrhG: Weder das Werk noch seine Teile dürfen ohne eine solche Einwilligung eingescannt und in ein Netzwerk eingestellt werden. Dies gilt auch für Intranets von Schulen und sonstigen Bildungseinrichtungen.
Illustrationen: Inka Grebner

ISBN 978-3-87101-**565**-6　　　　　　　　　　　　　　　　　　　　www.brigg-paedagogik.de

Inhalt

Vorwort 4

 (1) Sprachtest 5

 (2) Buchstabenmix 6

 (3) Wörter suchen 7

 (4) Nur ein Wort 10

 (5) Was passt nicht? 12

 (6) Finde die richtige Schreibweise 13

 (7) Der Hase Ronny 14

 (8) Was ist denn hier los? 15

 (9) Finde den richtigen Satz 16

(10) Purzel-Geschichte 17

(11) Merkwürdige Geschichten 18

(12) Bilder zur Geschichte 19

(13) Bildergeschichte 1 20

(14) Bildergeschichte 2 21

(15) Was erzählt der da? 22

(16) Wo muss ich denn da hin? 24

(17) Viele Fragen 25

(18) Komische Sachaufgaben 26

(19) Rechenschritte 28

(20) So einfach ist es nicht! (Kapitänsaufgaben) 30

(21) Zahlengitter 31

(22) Finde die richtige Zahl 32

(23) Gegenstände abzeichnen 33

(24) Der Malertest 34

(25) Rücken an Rücken 35

(26) Fehlersuche 36

(27) Der Wegweiser 37

(28) Schnitzeljagd 38

Anmerkungen und Lösungen 40

Vorwort

Liebe Kollegin, lieber Kollege,

in den letzten Jahren hat sich im Unterricht ein großes Problemfeld immer stärker herausgestellt: Viele Schüler/-innen sind nicht in der Lage genau zuzuhören oder Informationen und Arbeitsanweisungen exakt zu lesen. Häufig fehlt dann das Verständnis für die Aufgabe und Arbeit. Besonders problematisch wird dies in Klassenarbeiten und Tests. Die Kinder lesen nicht richtig, verstehen die Anweisung nicht und lösen die Aufgabe falsch.

Die Konsequenz ist, den Schülerinnen und Schülern verstärkt Herausforderungen und Übungen im Bereich Sorgfalt im Umgang mit Aufgaben/Anweisungen zur Verfügung zu stellen. Sie müssen lernen konzentriert zu arbeiten, genau zu lesen, Beschreibungen nachzuvollziehen, Zeichnungen ordentlich zu gestalten, sich sorgfältig auszudrücken. Deshalb geht es in diesem Heft um die Themen Sorgfalt, Durchhaltevermögen und Präzision und damit um Grundlagen schulischen Arbeitens.

Wir haben verschiedene Aufgaben, Spiele, Partnerarbeiten und Vorschläge entworfen, mit denen Sie Ihren Schülerinnen und Schülern der 3. bis 4. Klasse hilfreiche und interessante Übungsmöglichkeiten an die Hand geben können. Zu einigen Aufgaben gibt es Variations- und Differenzierungstipps sowie Hinweise zur praktischen Anwendung.

Die Aufgaben können jederzeit als kurze Übungsphasen in den Unterricht eingefügt werden oder auch in Vertretungsstunden zur Anwendung kommen.

Wir hoffen, dass Sie und Ihre Schülerinnen und Schüler viel Spaß und Erfolg mit unseren Aufgabenvorschlägen haben.

Sarah Koß
Marc-Thilo Hartmann

(1) Sprachtest

Aufgabe: Die folgenden Aufgaben müssen innerhalb von fünf Minuten gelöst werden. Lies dir zuerst alle Aufgaben genau durch, nimm dir ein Blatt Papier und löse die ersten beiden Aufgaben.

a) Schreibe deinen Namen in die linke obere Ecke des Blattes.

b) Schreibe das heutige Datum in die rechte obere Ecke des Blattes.

c) Notiere deinen Vornamen und deinen Nachnamen in großen Buchstaben untereinander.

d) Finde zu jedem Buchstaben deines Namens ein Verb.

e) Erfinde aus den Verben eine kurze Geschichte.

f) Überlege dir eine Überschrift zu deiner Geschichte und schreibe diese auf.

g) Male mindestens fünf Bilder zur Geschichte, die die Handlung der Geschichte erzählen.

h) Lies dir deine Geschichte noch zweimal durch.

i) Verbessere Schreibfehler und notiere die falsch geschriebenen Wörter unter der Geschichte noch einmal.

j) Schreibe zu jedem der falsch geschriebenen Wörter fünf verwandte Wörter.

k) Zähle alle Wörter auf dem Blatt und schreibe die Anzahl unter den Text.

l) Zähle alle Wörter in denen sich ein „n" befindet und schreibe die Anzahl unter den Text.

m) Lege den Füller zur Seite und gib dein Blatt ab.

(2) Buchstabenmix

Aufgabe 1: Kreuze so schnell es geht alle Zeichen an, die kein P sind. Stoppe deine Zeit!

P	P	P	D	P	P	B	D	P	P	P	R	R	P	B
R	P	P	P	P	D	D	P	P	P	P	P	P	P	P
P	B	P	P	P	P	P	D	D	B	P	R	P	P	P
P	P	P	P	P	P	P	P	R	P	P	P	P	P	P
P	P	P	P	P	P	P	P	P	D	P	P	D	P	P
P	P	D	D	D	B	P	B	P	B	R	R	R	P	P
P	P	P	P	P	P	P	P	P	P	P	R	B	P	P

Zeit: _____ Minuten

Aufgabe 2: Diese 10 Zeilen bestehen aus den Buchstaben d, p, b, q und o. Kreise in jeder Zeile die Buchstabenkombination bd ein. Notiere anschließend wie viele es in jeder Zeile sind.

1. qdpdqpbdooqpbdqdbpodbbqdqbdpopodobqpobdddpqodpbpopod ○
2. opqpdbbobpqobdbopqpbdppqdbpobopqobddpoqdbbdopooqddbp ○
3. qqopoddbpobodbpbdqddbpopbdbooqpdbppboqdpbdodoqdbpbdo ○
4. qpdobpoboddbpodobdopqdpqodqpdobdobdqpqpddbdobpqdbobd ○
5. dbobbdboqpdbbddodpqpdobdoqododppqodbbdppobdoqpdodbod ○
6. pdoboodpboqqpdobddobpdobbdbdddopqdobdoopbboqpdqpdbq ○
7. bdqpqdbpoobdqpdbbbbdpoqoodbbopoboqoqboppqbqbpdbbobdoo ○
8. odpqpdpbdpodoboqppobodobddqoqpodboboopooqqdbdopoddbod ○
9. dpbdopdbdpoooqobobddopbdooqpbdodopbooqdpobdoqdopbobd ○
10. pdoboqpdbdoqpbdoopdobddbdpoqpdobodobdpoqopdobdpoqbpd ○

Zeit: _____ Minuten

(3) Wörter suchen (Teil 1)

Aufgabe 1: **Rund um den Zoo.** *Suche 12 Wörter waagerecht und senkrecht.*
Die Wörter sind: SCHNEELEOPARD, SCHILDKRÖTE, KROKODIL, GIRAFFE, PINGUIN, SEELÖWE, SEEHUND, ELEFANT, EISBÄR, KAMEL, TIGER, AFFE

T	C	L	N	L	Ä	Ö	P	K	A	F	F	E	S	G
I	G	X	P	P	Y	M	W	H	H	V	S	D	C	Q
G	U	K	S	A	N	L	U	W	W	P	C	D	H	E
E	T	Y	E	U	I	B	T	U	Q	X	H	S	I	L
R	S	Q	E	M	K	P	K	C	J	Ö	N	C	L	E
G	N	N	L	R	R	G	R	K	W	T	E	S	D	F
I	G	Ä	Ö	X	O	S	N	F	A	Q	E	E	K	A
R	A	V	W	I	K	B	H	D	D	M	L	E	R	N
A	F	B	E	T	O	X	T	I	D	H	E	H	Ö	T
F	Y	Q	M	G	D	Y	Ä	S	D	A	O	U	T	E
F	K	P	Q	R	I	H	M	D	V	G	P	N	E	I
E	A	U	D	Q	L	K	O	A	K	X	A	D	K	S
D	M	B	M	E	L	J	R	K	M	C	R	R	H	B
O	E	V	A	U	M	T	D	W	P	Ä	D	F	U	Ä
W	L	M	G	R	P	I	N	G	U	I	N	J	Ö	R

Aufgabe 2: **Im Winter.** *Suche 12 Wörter waagerecht, senkrecht und diagonal.*
Die Wörter sind: WEIHNACHTSMANN, OHRENSCHÜTZER, SCHLITTSCHUHE, SCHNEEBALL, SCHIFAHREN, SCHNEEMANN, HANDSCHUHE, WOLLSCHAL, SCHLITTEN, SCHNEE, MÜTZE, KÄLTE

O	F	T	V	W	Y	I	S	D	P	I	K	S	S	X
P	I	Q	I	J	Z	U	J	C	Ö	Ö	O	C	C	S
X	Q	G	X	W	I	N	C	S	H	C	N	H	H	Q
S	C	H	I	F	A	H	R	E	N	N	L	N	L	Ö
B	H	A	N	D	S	C	H	U	H	E	E	E	I	X
S	C	H	L	I	T	T	S	C	H	U	H	E	T	W
S	B	Z	L	Ö	L	N	M	M	J	V	Y	B	T	K
V	V	Ö	Ä	M	Ü	T	Z	E	J	E	A	A	E	P
W	R	R	F	Ö	G	V	Y	F	X	Z	A	L	N	Q
D	W	O	L	L	S	C	H	A	L	R	V	L	C	P
F	G	L	S	C	H	N	E	E	M	A	N	N	Ö	V
K	W	E	I	H	N	A	C	H	T	S	M	A	N	N
P	R	C	Q	Q	Ä	K	G	S	M	S	P	K	C	W
N	T	O	H	R	E	N	S	C	H	Ü	T	Z	E	R
O	P	V	K	Ä	L	T	E	N	C	F	G	G	A	K

(3) Wörter suchen (Teil 2)

Aufgabe 3: In der Schule. *Suche 15 Wörter waagerecht, senkrecht und diagonal. Die Wörter sind:* KLASSENKAMERADEN, KLASSENARBEIT, KLASSENZIMMER, MATHEMATIK, SCHULBUCH, SCHULKIND, MALBLOCK, SCHULHOF, DEUTSCH, FÜLLER, LEHRER, RANZEN, PAUSE, SPORT, HEFTE

Z	A	P	U	Z	D	W	Y	B	Q	F	P	K	M	K	Ö	E	Y	P	Z
K	M	S	Q	Ä	F	X	M	D	O	H	D	Q	A	L	Ä	T	R	Ö	J
N	K	P	P	K	S	F	S	H	Ö	S	T	U	L	A	L	X	Q	Y	C
A	Y	L	R	O	G	J	L	M	K	C	H	A	B	S	E	C	S	A	E
M	Ö	E	A	X	R	U	U	O	L	H	E	P	L	S	H	F	Ä	E	Y
P	B	G	G	S	H	T	S	P	A	U	F	D	O	E	R	K	X	I	R
H	U	N	M	C	S	A	J	Q	S	L	T	J	C	N	E	O	W	N	N
O	V	Ä	S	S	M	E	O	K	S	K	E	K	K	Z	R	H	M	B	Z
I	K	Y	P	E	Z	Q	N	D	E	I	P	M	Y	I	L	E	G	V	Ä
J	Ä	F	Ö	W	V	U	V	K	N	N	J	O	D	M	Q	A	J	N	P
S	K	V	F	H	D	U	F	X	A	D	U	J	Ä	M	I	Q	R	A	I
N	H	M	Ü	P	G	W	D	H	R	M	Y	S	H	E	Ö	R	H	B	N
P	L	A	L	O	I	G	F	B	B	G	E	N	H	R	Ö	C	O	E	V
Z	G	K	L	B	I	A	E	M	E	Q	T	R	E	T	S	H	Z	H	N
V	M	S	E	P	V	C	T	H	I	Ä	Ä	Ö	A	T	I	N	P	E	Ö
K	G	Y	R	B	M	Y	F	F	T	L	P	T	U	D	A	L	L	E	L
N	P	I	P	Z	X	P	P	A	U	S	E	E	Ä	R	E	X	S	J	V
Z	Q	U	K	X	O	K	N	B	L	Ö	D	A	V	V	K	N	S	E	O
D	T	P	D	Q	Y	R	M	A	T	H	E	M	A	T	I	K	P	Ä	Ö
V	S	W	D	H	K	B	G	P	S	C	H	U	L	B	U	C	H	T	T

(3) Wörter suchen (Teil 3)

Aufgabe 4: **Obst und Gemüse.** *Suche 15 Wörter waagerecht, senkrecht und rückwärts.*

Die Wörter sind: BLUMENKOHL, KOPFSALAT, ERDBEEREN, ZITRONEN, KAROTTEN, BROKKOLI, ORANGEN, TOMATEN, BANANEN, BOHNEN, BIRNEN, ANANAS, ERBSEN, KIWIS, ÄPFEL

(4) Nur ein Wort (Teil 1)

Die Sätze und Wortfolgen sind in einem Wort niedergeschrieben worden. Ziehe die Wörter an der richtigen Stelle auseinander und schreibe sie auf. Achte dabei auf Groß- und Kleinschreibung.

Aufgabe 1: Wörter auseinanderziehen!

(a) GROSSERHUND

(b) BLAUESHEMD

(c) DUFTENDGRÜNEWIESE

(d) LEUCHTENDROTESAUTO

(e) TOLLESHALLENFUSSBALLTURNIER

(f) RICHTIGROTECLOWNSNASE

Aufgabe 2: Sätze auseinanderziehen!

(a) DERHUNDBELLTLAUT.

(b) SCHULEMACHTSPASS.

(c) HEUTEHABENWIRKEINEHAUSAUFGABEN.

(d) ICHGEHEGERNEINDIESCHULEUNDTREFFEMEINEFREUNDE.

(4) Nur ein Wort (Teil 2)

Aufgabe 3: Rückwärts lesen und Sätze auseinanderziehen!

(a) .ENREGESELHCI

(b) .NÖHCSTSISUAHSAD

(c) .TLEWREDREITEGUÄSDNALETSSÖRGSADTSITNAFELERED

(d) .TANIPSNENIEKNEGÖMREDNIKELEIV

(e) .NEHCUKNETUGTKCABRETTUMENIEM

(f) .AKIREMAHCANBUALRUNEDNIRIWNEHEGNEIREFREMMOSNEDNI

(g) .NEGUAEGIKCEREIVNAMTMMOKEBNNAD,THEISNREFLEIVNAMNNEW

(h) .THCIRPSTIEHRHAWEIDLAMRENNEWHCUA,THCINNAMTBUALGMED TGÜLREMMIREW

(i) .ZTIRFSREHCSIFTHCSIFEHCSIFEHCSIRF,EHCSIFEHCSIRFTHCSIF ZTIRFSREHCSIF

(5) Was passt nicht?

Aufgabe: Welches Wort passt nicht dazu? Streiche es durch.

(a)	Mathematik	Deutsch	Religion	Schreibtisch
(b)	Apfel	Gelb	Orange	Birne
(c)	Milch	Tee	Wasser	Kekse
(d)	Hamster	Hund	Tulpe	Katze
(e)	Sommer	Herbst	Winter	Hitze
(f)	Berlin	Hamburg	München	Paris
(g)	Rose	Tulpe	Gras	Nelke
(h)	Kastanienbaum	Tanne	Fichte	Kiefer
(i)	Montag	Mittwoch	Muttertag	Sonntag
(j)	Buche	Fichte	Ahorn	Eiche
(k)	Schäferhund	Pudel	Papagei	Dackel
(l)	Paprika	Sellerie	Kartoffel	Erdbeere
(m)	Mama	Lehrer	Vater	Schwester
(n)	Vater	Mama	Oma	Schwester
(o)	Kaninchen	Papagei	Papier	Paprika
(p)	Meerschweinchen	Hund	Zebra	Katze

(6) Finde die richtige Schreibweise

Aufgabe 1: *Kreise das richtig geschriebene Wort ein.*

tulpe	Tulpe	Dulpe	Tulbe
Papier	Papir	papier	Bapier
stärker	sterker	sterger	Stärker
schwimmbecken	Schwimmbecken	Schwimbecken	Schwimmbeken
Vrieden	frieden	Friden	Frieden
glücklich	klücklich	klüklich	Glücklich
Blumenbeet	blumenbeet	Blumenbet	Blumenbeht
zufrieden	zufriden	zuvrieden	Zufrieden
Stul	stuhl	Stuhl	Stull
Fehler	Fähler	fehler	Feler
Gier	gier	Gir	Kier
frölich	Fröhlich	vröhlich	fröhlich

Aufgabe 2: *Kontrolliere deine Lösung mithilfe des Wörterbuchs.*

Aufgabe 3: *Schreibe nun alle Wörter in der richtigen Schreibweise in dein Heft.*

(7) Der Hase Ronny

Der kleine Hase Ronny war kein gewöhnlicher Hase. Er spielte nicht wie seine zwölf Geschwister auf der Wiese oder auf dem Feld. Ihn lockte der dunkle Wald viel mehr. Deshalb hüpfte er gerne durch den Wald, über Wurzeln, durch Blätterhaufen, über Moos, zwischen Zweigen und Hecken hindurch.
Im Wald hatte er auch schon viele Freunde gefunden. Da gab es die Eule Maya, die meist nur müde auf ihrem Ast saß und tagsüber immer so mürrisch war. Viel lieber aber hüpfte er mit Robby, dem kleinen Reh durch den Wald. Robby war sein bester Freund geworden. Aber auch mit dem Eichhörnchen Moni hatte Ronny sich angefreundet. Sie sprang gerne von Baum zu Baum, kletterte an Baumstämmen hoch und fegte durch die Büsche. Ronny konnte mit Moni nicht mithalten, es machte ihm aber sehr viel Spaß es zu versuchen.

Aufgabe: Lies den Text zweimal. Falte das Blatt an der gestrichelten Linie. Kreuze nun die richtigen Sätze an. Wenn du die Antwort nicht weißt, dann schau nach. Merke dir, wie oft du nachschauen musstest. Sei ehrlich!

a) Die Eule Mona ist mürrisch.

   Die Eule Maya ist tagsüber immer mürrisch.

   Die Eule Maya ist nur manchmal mürrisch.

b) Robby hat zwölf Geschwister.

   Robby ist der beste Freund von Ronny.

   Ronny hat zwölf Geschwister.

c) Ronny ist ein Hase und Moni ist ein Eichhörnchen.

   Moni ist ein Eichhörnchen und Robby ist ein Hase.

d) Robby hüpft gerne durch den Wald.

   Ronny hüpft gerne durch den Wald.

Ich musste _____ **mal nachschauen**

(8) Was ist denn hier los?

Aufgabe: *Manche Sätze stimmen nicht so ganz. Kreuze die unsinnigen Sätze an und besprich sie dann mit deinem Nachbarn.*

☐ Die kleine Lisa spielt gerne Flöte und singt dazu.

☐ Langsame Fahrradfahrer können schneller bremsen.

☐ Lila Kühe fressen grünes Gras.

☐ Bert ist ein richtiger Pechvogel, weil ihn gestern schon wieder eine tote Biene gestochen hat.

☐ Ein Zebrastreifen hat genauso bunte Streifen wie ein Zebra.

☐ Schlaue Hunde können am Geruch hören, wenn ihr Fressen gemacht wird.

☐ Mit einem grünen Fahrrad darfst du nicht über eine rote Ampel fahren.

☐ Schneidest du bei einem Viereck alle drei Ecken ab, dann bekommst du ein Achteck.

☐ An einem Farbfernseher kannst du die Lautstärke beliebig verstellen.

☐ Die langen, schwarzen Haare eines Glatzköpfigen kann der Frisör leicht pflegen.

☐ Es ist nicht richtig andere Kinder nicht zu schlagen.

☐ Drehst du dich einmal im Kreis und dann wieder zurück, dann stehst du so da wie vorher.

☐ Läufst du 100 m zur Hälfte rückwärts, dann bist du auch 50 m gelaufen.

(9) Finde den richtigen Satz

Aufgabe: *Die Wörter in den Sätzen sind durcheinandergeraten. Sortiere sie wieder zu einem richtigen Satz und schreibe diesen auf.*

(a) Die Klasse heute macht einen Ausflug dritte.

(b) Sie mit dem Zug fahren und der nach Stuttgart Straßenbahn in den Zoo.

(c) An Zoos der Kasse des kauft Gruppenkarte die Schüler Lehrerin eine für 24.

(d) Die Zoo ist im Klasse und noch ist nicht viel los früh dort.

(e) Die vorbereitet Zoorallye hat eine Lehrerin.

(f) Die in sechs Gruppen Klasse mit jeweils eingeteilt wird vier Schülern.

(g) Jede Aufgaben Gruppe dieselben hat erfüllen im Zoo zu.

(h) Die Rallye für sehen die Schüler herausfinden müssen, wie Eisbären alt werden können Pinguinkäfig oder viele Pinguine wie im zu sind.

(i) Die die gewinnt Gruppe von Rallye Marlene, Hilal, Paul und Pavel.

(j) Nach schauen der sich die Raubtierhaus Fütterung alle im an Rallye.

(k) Auf alle dem Tag sind dass der Meinung Schüler, es ein toller Heimweg war.

(10) Purzel-Geschichte

In dieser Geschichte ist etwas durcheinandergeraten. Sortiere richtig und schreibe die Geschichte ordentlich in dein Heft.

Peters Schultag

- Direkt vor der Schule warten viele Klassenkameraden und Freunde auf die beiden Kinder.
- Bevor die Schule endet, hat Peter noch zwei Stunden Sport.
- Nach dem Sportunterricht geht er nach Hause.
- In den ersten Stunden hat Peter seine Klassenlehrerin Frau Müller.
- Nach dem Essen macht er eine Stunde Hausaufgaben.
- Wie jeden Tag holt er seinen Freund Michael ab.
- In der großen Pause tobt er auf dem Schulhof mit seinem Mitschüler Mathias.
- Dort wartet seine Mutter mit dem Essen auf ihn.
- Jetzt darf er endlich spielen, weil er mit allem fertig ist.
- Er mag seine Klassenlehrerin, sie ist immer so freundlich.
- Peter ist auf dem Weg zur Schule.

(11) Merkwürdige Geschichten

Aufgabe: In dieser Geschichte befinden sich Sätze, die überhaupt nicht hineinpassen und unwichtig für die Erzählung sind. Streiche die Sätze und stoppe dabei die Zeit, die du insgesamt brauchst:

Das Finale

Bei einem kleinen Fußballturnier von vielen Grundschulen kam Benjamins vierte Klasse von der Grundschule in Tannenheim bis ins Endspiel. Benjamin hatte braune Haare. Und es war ein spannendes Finale.

Leider hatten die Tannenheimer einen schlechten Start erwischt und lagen schon nach fünf Minuten mit zwei Toren zurück. Die Sonne schien über dem Fußballplatz. Und Schmetterlinge flogen über die Wiese. Aber Benjamin und sein Freund Ralf stürmten weiter eifrig auf das gegnerische Tor zu. Gemeinsam konnte man sie kaum aufhalten. Benjamin mochte Ralf sehr.

Ihr Klassenkamerad Manuel flankte von links vors Tor. Benjamin kam nur knapp mit dem Kopf an den Ball und lenkte ihn zu Ralf, der den Ball aus vollem Lauf ins Netz schoss. Der Torhüter hatte graue Handschuhe an. Kurze Zeit später spielten sich Ralf und Benjamin den Ball immer wieder an den Gegnern vorbei zu und schließlich konnte Ralf erneut einen erfolgreichen Schuss aufs Tor abgeben, der in die obere rechte Ecke ging.

Nun stand es zwei zu zwei und es blieb nur noch eine Minute bis zum Schluss. Es war jetzt also Unentschieden zwischen den beiden Mannschaften.

Andreas spielte oft in der Abwehr. Der linke Fuß war sein stärkerer Fuß. Er spielte den Ball schnell nach vorne zu Manuel, der zwei Spieler umdribbelte und einen steilen Pass vors Tor folgen ließ. Der Ball schien immer schneller zu werden, doch Benjamin konnte ihn gerade noch mit der Fußspitze erreichen und ganz knapp am Torwart vorbeischieben. Der Jubel um das Siegtor war riesengroß und die Tannenheimer feierten dies ausgiebig. Und Benjamin freute sich schon aufs Abendessen. Seine Mutter wartete schließlich schon auf ihn.

(12) Bilder zur Geschichte

Aufgabe: Lies dir die Geschichte genau durch und male dazu Bilder für eine Bildergeschichte. Die Bilder sollen alle wichtigen Merkmale aus der Geschichte zeigen. Erstelle dir deshalb zuerst eine Liste über die wichtigen Dinge und Tätigkeiten, die du zeichnen willst.[1]

Der große Waldzirkus

1 Der kleine Braunbär Timmi wollte mit seinen Waldfreunden spielen.
2 Schnell hatte er alle Spielkameraden zusammengetrommelt. Sie setzten
3 sich auf einer Lichtung in einem großen Kreis zusammen und überlegten,
4 was sie tun könnten. Es waren alle gekommen: der Hase Hans, die Eule
5 Erika, der Fuchs Farin, das Eichhörnchen Else und das Reh Anna.
6 Es dauerte nicht lange, dann hatten sie sich auf Zirkusspielen geeinigt.
7 Den ganzen Vormittag übten die Tiere ihre Zirkusnummern. Und das war
8 ganz schön anstrengend. Die Sonne wärmte den Tieren das Fell und
9 durch das Üben kamen sie richtig ins Schwitzen. Am Nachmittag fand
10 endlich die erste Aufführung für die anderen Tiere des Waldes statt.
11 Die Vorstellung war ein voller Erfolg. Das Üben am Vormittag hatte
12 sich gelohnt, da alle wussten, was sie zu tun hatten und kein Tier etwas
13 falsch machte.
14 Der Wald war vom Jubeln der Zuschauer erfüllt, als man erleben konnte,
15 wie der Fuchs als Zauberer auftrat und seine Tricks zeigte oder der Hase
16 zeigte, wie hoch er springen konnte und wie er die wildesten Sprünge
17 durch Reifen und über andere Hindernisse machte. Aber das war nicht
18 alles, die Eule las den anderen Waldtieren aus der Pfote oder aus der
19 Kralle und sagte ihnen die Zukunft voraus. Das Eichhörnchen kletterte
20 Bäume und Äste rauf und runter, balancierte über Seile und Äste und
21 badete im Applaus des Publikums. Timmi trat als Clown auf. Er hatte rote
22 Wangen und stolperte über die Bühne, fiel über eine Wurzel und kugelte
23 über den Waldboden. Das Publikum lachte. Zum Schluss staunten die
24 Tiere über das Reh, das Äste und Steine jonglierte und sie immer wieder
25 sicher fing, nur um sie danach wieder in die Luft zu werfen.
26 Am Ende waren sich alle einig: So eine Aufführung wollten sie bald
27 wieder erleben.

---

1 Lösungshilfe für die Schüler/-innen auf Seite 47

(13) Bildergeschichte 1

Aufgabe: Schneide die Sätze aus und klebe sie in der richtigen Reihenfolge passend zur Bildergeschichte in dein Heft.

„Das sieht ja schlimm aus! Können wir da nicht etwas tun?", überlegt Max.
Selim hat eine gute Idee. Am Nachmittag kommen sie zurück und sammeln den ganzen Abfall ein.
Als Max und Selim morgens zur Schule gehen, sind sie entsetzt über den Abfall, der um den Baum vor ihrem Haus herumliegt.
Von ihrem Taschengeld haben sie kleine Pflänzchen gekauft. Diese Pflänzchen pflanzen sie sorgfältig ein. Schließlich freuen sie sich über ihr kleines Blumenbeet und hoffen, dass die Leute dort keinen Abfall mehr hinwerfen.
Mittags, als sie aus der Schule kommen, sehen sie, dass sich der Müllberg inzwischen noch vergrößert hat.

(14) Bildergeschichte 2

Aufgabe: Schneide die Bilder aus und klebe sie in der richtigen Reihenfolge in dein Heft.

(15) Was erzählt der da? (Teil 1)

Aufgabe: *Lies die Geschichte deinem Partner vor. Anschließend muss dein Partner dir die Geschichte erzählen und du kontrollierst auf dem Blatt auf Seite 23.*

Sophia und Johann waren in den Osterferien bei ihren Großeltern, die im Norden Deutschlands wohnen. Das Dorf der Großeltern ist nicht weit von einer Burgruine entfernt und so beschlossen die beiden Kinder gemeinsam mit ihren Freunden Mia und Finn einen Ausflug zur Burg zu machen.
Nach einer anstrengenden Wanderung lag die Burgruine vor ihnen. Im Licht des bewölkten Himmels sahen sie zwei vollständig erhaltene Türme aus ansonsten halb zerstörten Burgmauern herausragen. Ein weiterer Turm war nur noch bis zur Hälfte vorhanden. Die Mauern waren mit Unkraut und Büschen überwuchert. Durch ein Tor gelangten sie in die Burg hinein.

Im Inneren der Burg sah es verwahrlost aus. Deswegen machten sich die Kinder daran, den ersten Turm zu erkunden. Nachdem sie sich durch die Hecken gezwängt hatten, gelangten sie durch einen Riss in der Mauer in den Turm hinein. Im Burgturm konnte man kaum noch etwas erkennen, da nur wenig Licht durch die Hecke hereinkam. Triumphierend zog Sophia eine Taschenlampe aus ihrem Rucksack, in dem sie neben einem kleinen Vesper auch eine Trinkflasche und ein Taschenmesser mitgenommen hatte.
Im Schein der Taschenlampe konnte man den Raum besser erkennen. Da hier aber nicht mehr als Geröll und Unkraut zu sehen war, kletterten die Vier vorsichtig die schmale Steintreppe in den Keller des Turms hinab.
Die Luft im Keller war miefig und das Licht der Taschenlampe wurde fast ganz verschluckt. Es war richtig unheimlich hier unten. Vorsichtig tasteten sich die Kinder voran und achteten auf jeden Schritt.
Plötzlich wurde Johann an der Schulter gepackt und er fuhr mit einem Aufschrei herum. Und auch die anderen Kinder erschraken.
Aber in der nächsten Sekunde erkannte Johann das Gesicht seines Großvaters. Er hatte die Kinder hier unten erwartet, weil er ihnen einen Schrecken einjagen wollte. Das war ihm gelungen!

(15) Was erzählt der da? (Teil 2)

Aufgabe: *Welche Dinge aus der Geschichte hat dein Partner noch gewusst? Kreuze an!*

☐	Die Kinder heißen Sophia und Johann.
☐	Die Großeltern wohnen im Norden von Deutschland.
☐	Die Freunde von Sophia und Johann heißen Mia und Finn.
☐	Sie wollten einen Ausflug zu einer Burgruine machen.
☐	Es war ein wolkiger Tag.
☐	Die Burg hatte einen halben und zwei ganze Türme.
☐	Die Kinder gelangten durch eine Hecke und einen Riss in der Turmmauer ins Innere des Turms.
☐	Im Turm war es fast ganz dunkel.
☐	Anja hatte eine Taschenlampe mitgenommen.
☐	Im Rucksack von Sophia befanden sich außer der Taschenlampe noch Vesper, Apfelsaft und ein Taschenmesser.
☐	Die Kinder kletterten die Treppe in den Keller hinunter.
☐	Im Keller war es unheimlich, weil es sehr dunkel und miefig war.
☐	Die Kinder verhielten sich vorsichtig im Keller, da sie kaum etwas sehen konnten.
☐	Johann erschrak, als er von hinten an der Schulter gepackt wurde.
☐	Weil Johann aufschrie, erschreckten sich auch die anderen Kinder.
☐	Der Großvater wollte die vier Kinder erschrecken und hatte auf sie gewartet.

Jedes Kreuz gibt einen Punkt. **Ergebnis:** _____ Punkte

(16) Wo muss ich denn da hin?

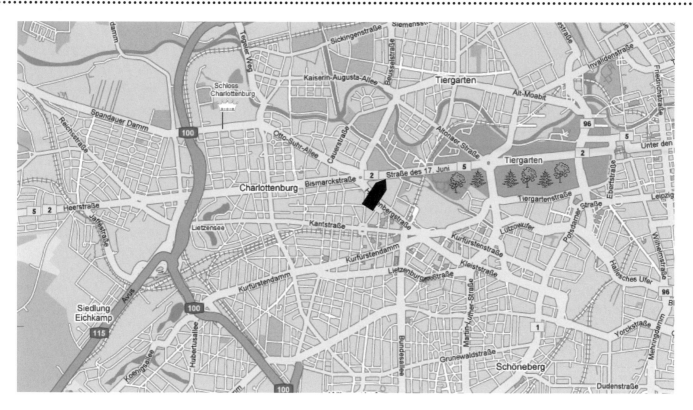

Du stehst beim schwarzen Pfeil und schaust in Richtung Tiergarten.
Folge den Wegbeschreibungen und schreibe auf, wo du am Ende ankommst.

1. Du gehst geradeaus, an der nächsten großen Straße nach rechts, weiter geradeaus bis zur nächsten Querstraße, die am Rande des Tiergartens verläuft. In diese biegst du links ein.

   _____

2. Laufe die Straße bis zur nächsten Kreuzung und biege dort nach links ab. Überquere die nächste Kreuzung und biege dann in die erste große Straße, die nach links führt, ein.

   _____

3. Laufe immer die Straße entlang. Die Straße ändert bald ihren Namen und heißt dann Kaiserin-Augusta-Allee. Wenn du am Ende dieser Allee angekommen bist, gehe nach links in die nächste Straße.

   _____

4. Drehe den Kopf nach rechts. Was kannst du hier sehen?

   _____

(17) Viele Fragen

Aufgabe: Kreuze an, welche Fragen du beantworten kannst.

a) Tim lädt zu seinem 10. Geburtstag dreizehn Freunde ein. Sein Vater backt Pizza. Er macht drei Bleche Pizza. Die Pizza schneidet er jeweils in 14 Teile.

- [ ] Wie viele Kinder sind auf dem Geburtstag?
- [ ] Wie lange braucht Tims Vater zum Backen?
- [ ] Reichen die drei Bleche Pizza?
- [ ] Wie viele Stücke Pizza darf jedes Kind essen?

b) Für eine 12-km-Wanderung mit ihren Eltern braucht die 10-jährige Jessica vier Stunden. Zurück fahren sie eine halbe Stunde mit dem Bus.

- [ ] Wie viele Kilometer wandert Jessica in einer Stunde?
- [ ] Wie lange sind sie unterwegs?
- [ ] Wie lange brauchen Jessicas Eltern zum Wandern?
- [ ] Wie viele Personen sind unterwegs?

c) Vor zehn Jahren wog ich halb so viel wie ich heute wiege.

- [ ] Wie viel wiege ich heute?
- [ ] Wie viel wog ich vor zehn Jahren?
- [ ] Wie alt bin ich heute?
- [ ] Wie alt war ich vor zehn Jahren?

d) Ein ausgewachsener Eisbär kann schon mit zwei Jahren 800 kg wiegen. Das ist das Zehnfache von einem Mann mit 30 Jahren und 1,80 m Körpergröße.

- [ ] Wie groß wird ein ausgewachsener Eisbär?
- [ ] Wie alt wird ein Eisbär?
- [ ] Wie viel wiegt ein zwei Jahre alter Mann?
- [ ] Wie viel wiegt ein 30 Jahre alter Mann?

(18) Komische Sachaufgaben (Teil 1)

Aufgabe: Schreibe die Sachaufgaben richtig auf und schreibe die Frage zur Aufgabe auf.

1) Joshua geht einkaufen. Er soll 3 € Milch mitbringen. Jeder Liter Milch kostet 0,59 Liter.

   Aufgabe: _____

   Frage: _____

2) In einem Schulbus sind 59 Kinder frei. Es steigen insgesamt 23 Sitzplätze ein.

   Aufgabe: _____

   Frage: _____

3) Marie geht mit ihren Freundinnen Tanja und Ronja ins Kino. Die € kosten jeweils 5 Eintrittskarten, das € jeweils 2,50 Popcorn und für drei € bezahlen sie insgesamt 6 Getränke.

   Aufgabe: _____

   Frage: _____

4) Emma hat herausgefunden, dass die Uhren in anderen Ländern teilweise unterschiedliche Uhrzeiten anzeigen. Auf Emmas Uhr ist es 10.25 Stunde. In England ist es eine Uhr früher und in China (Hongkong) acht Uhr vor den Engländern. In Brasilien ist es 6.25 Stunden.

   Aufgabe: _____

   Frage 1: _____

   Frage 2: _____

   Frage 3: _____

(18) Komische Sachaufgaben (Teil 2)

5) Antonio hat einen weiten Schulweg. Er muss morgens 30 Uhr zum Bus laufen. Der Uhr fährt um 7.23 Bus los und kommt um 7.41 Minuten an der Schule an.

Aufgabe: _____

Frage: _____

6) Ebru ist 10 kg alt und wiegt 38 Schwester. Ihre kleine kg ist 15 Jahre leichter.

Aufgabe: _____

Frage: _____

7) Emil ist 8 g alt und hat einen Hamster. Sein Jahre kann 2 Hamster alt werden und wiegt 300 Jahre.

Aufgabe: _____

Frage: _____

8) Lena spart auf neue Inlineskates. Sie bekommt jede Woche die Hälfte Taschengeld und hat bereits 50 € des Preises gespart. Die Skates kosten 5 €.

Aufgabe: _____

Frage: _____

(19) Rechenschritte (Teil 1)

Aufgabe: Überlege zuerst in welcher Reihenfolge du rechnen musst. Sortiere die Fragen sinnvoll (schreibe Zahlen in die Kästchen) und rechne danach.

a) Mia geht einkaufen. Sie kauft eine Packung Müsli, zwei Liter Milch, 400 g Tomaten und drei Packungen Nudeln.

Milch 1 l	0,69 €
Nudeln, Packung	0,59 €
Müsli, Packung	1,99 €
Tomaten, 100g	0,29 €

☐ Wie teuer ist der gesamte Einkauf?

Rechnung: _____

Antwort: _____

☐ Wie viel muss Mia für die Nudeln bezahlen?

Rechnung: _____

Antwort: _____

☐ Wie viel kostet die Milch insgesamt?

Rechnung: _____

Antwort: _____

☐ Wie viel kosten die Tomaten insgesamt?

Rechnung: _____

Antwort: _____

b) Toni geht mit seinen Freunden zum Bowlen. Sie spielen in zwei Mannschaften mit je 5 Spielern.

	Mannschaft 1	Mannschaft 2
Spieler 1	10	9
Spieler 2	5	4
Spieler 3	7	9
Spieler 4	8	5
Spieler 5	9	9

☐ Welche Mannschaft gewinnt?

Rechnung: _____

Antwort: _____

☐ Wie steht es, nachdem von jeder Mannschaft 3 Spieler geworfen haben?

Rechnung: _____

Antwort: _____

☐ Welche Mannschaft führt vor dem letzten Wurf?

Rechnung: _____

Antwort: _____

(19) Rechenschritte (Teil 2)

c) Bei den Bundesjugendspielen springt Ali 2,35 m. Sein Freund Lars schafft 25 cm mehr. Ihr Klassenkamerad Dirk erreicht 0,40 m weniger als Lars. Und Peter springt nur 10 cm weniger als Dirk.

☐ Wie weit springt Lars?

Rechnung: _____

Antwort: _____

☐ Wer springt am weitesten?

Rechnung: _____

Antwort: _____

☐ Wie weit springt Peter?

Rechnung: _____

Antwort: _____

☐ Wie weit springt Dirk?

Rechnung: _____

Antwort: _____

☐ Wer springt am kürzesten?

Rechnung: _____

Antwort: _____

d) Beim Dartwerfen trifft Florian dreimal. Mit dem ersten Wurf wirft er die 20, mit dem dritten Wurf wirft er die 15. Am Ende hat er 47 Punkte erzielt.

☐ Welcher Wurf war der schlechteste?

Rechnung: _____

Antwort: _____

☐ Was hat er mit dem zweiten Wurf getroffen?

Rechnung: _____

Antwort: _____

☐ Wie viele Punkte hat er mit dem ersten und dritten Wurf erzielt?

Rechnung: _____

Antwort: _____

(20) So einfach ist es nicht!

Aufgabe 1: Im Klassenzimmer der 3b gibt es 4 Reihen mit je 3 Tischen. Wie alt ist die Lehrerin?

Rechnung:

Antwort:

Aufgabe 2: Ein Bauer hat 10 Kühe und 12 Schafe. Wie viele Ferkel gibt es auf dem Hof?

Rechnung:

Antwort:

(21) Zahlengitter

Aufgabe: Im folgenden Zahlengitter sind 20 Zahlen versteckt. Sie verbergen sich waagrecht und senkrecht. Kreise die gefundenen Zahlen ein!

133	987	543	609	799
235	254	321	154	687
512	768	889	222	867
888	908	670	451	999

1	3	3	8	7	3	0	9	8	4
0	9	1	0	2	8	0	0	8	3
9	0	8	4	5	8	4	3	8	2
1	3	2	9	4	9	5	1	5	1
1	9	3	1	0	4	1	7	9	7
7	1	5	9	3	1	8	4	3	9
5	6	8	7	1	0	9	8	7	4
1	5	0	3	9	8	5	4	3	8
7	9	6	0	9	3	5	9	7	2
6	0	1	7	4	8	5	1	2	7
8	1	1	5	4	0	6	7	0	5
4	8	9	2	8	4	0	3	8	3
0	3	8	2	2	2	4	8	6	7
9	9	9	0	1	7	5	7	9	9

Für jede im Zahlengitter entdeckte Zahl gibt es einen Punkt.   **Punkte:** _____

(22) Finde die richtige Zahl

Aufgabe: Finde die richtige Zahl und kreise sie ein.

(a) achttausenddreihundertvierundzwanzig

8 342   8 324   8 432   8 243

(b) dreitausendvierhundertsiebzig

3 470   3 407   3 740   3 704

(c) fünftausenddreihunderteinundsechzig

5 316   5 360   5 361   5 163

(d) viertausendfünfhundertacht

4 850   4 580   4 805   4 508

(e) sechstausendneunhundertneunzig

6 990   6 909   6 099   6 999

(23) Gegenstände abzeichnen

Aufgabe: *Zeichne die Figur in dein Heft ab!*

a)
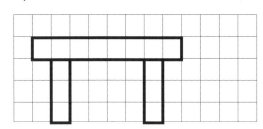

b)
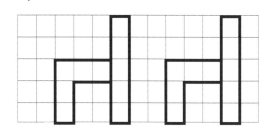

c)

d)
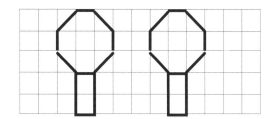

e)
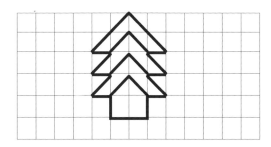

f)
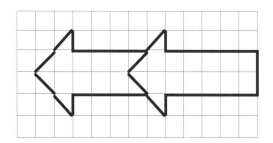

g)
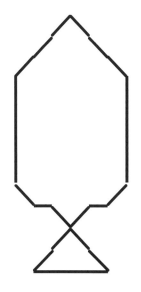

h)

(24) Der Malertest

Aufgabe 1: Male die Bilder nach Anweisung ordentlich an.

a) Male alle geraden Zahlen rot und alle ungeraden Zahlen blau an.

Punkte fürs Anmalen: _____

b) Male die Mitte blau an. Male alle Felder, die direkt an der Mitte hängen gelb an. Male alle restlichen Felder grün an.

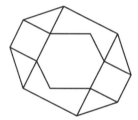  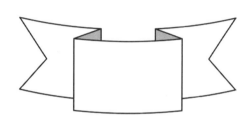

Punkte fürs Anmalen: _____

c) Male alle Tiere, die mit K anfangen braun an. Male alle Lebensmittel gelb an. Male die restlichen Tiere blau an.

Punkte fürs Anmalen: _____

Aufgabe 2: Dein Partner soll die Bilder anschauen und dir für deine Sorgfalt Punkte geben.

1 = schlecht angemalt, 2 = ganz gut angemalt, 3 = sorgfältig angemalt.

(25) Rücken an Rücken

Aufgabe: *Setze dich mit deinem Partner Rücken an Rücken. Jeder erhält eine Kopie des Blattes.*

Du malst dein Blatt an. Während du malst, beschreibst du dies deinem Partner. Er soll nach deiner Anweisung sein Blatt genauso anmalen.

Bild:

Formen:

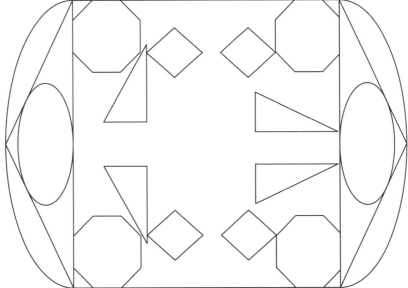

35

(26) Fehlersuche

Aufgabe 1: Vergleiche die Bilder und finde zehn Unterschiede!

Aufgabe 2: Sieh dir die Bilder einer Reihe genau an. Überall fehlt etwas. Vervollständige die Bilder. Alle drei Bilder müssen identisch sein!

(27) Der Wegweiser – Die Wegbeschreibung

Aufgabenbeschreibung für Lehrer

Bei dieser Übung wird genaues Hinhören und präzises Umsetzen des Gehörten geübt. Außerdem stärken die Übungen die Vorstellungskraft sowie die Rechts-Links-Orientierung.

Der Wegweiser:

Diese Aufgabe ist gleichzeitig auch eine Vertrauensübung.
Einem Kind werden die Augen verbunden. Das zweite Kind lenkt und leitet das „blinde" Kind nun durch geflüsterte Anweisungen (was nur notwendig ist, um den Lärmpegel in der Klasse niedrig zu halten) durch die Klasse. Die Anweisungen müssen so gegeben werden, dass der „blinde" Mitschüler nirgends anstößt (auch nicht an andere Klassenkameraden).
Beispiel: „Zwei Schritte, dann nach rechts drehen. --- Gerade aus bis ich „Halt!" sage."
--- usw.
Die Rollen werden mehrmals gewechselt. Sinnvoll ist es auch, die Partner mindestens einmal zu tauschen.
Kinder, die sich nicht trauen mit verbundenen Augen durch das Zimmer zu gehen, können sich statt mit der Augenbinde mit geschlossenen Augen durch den Raum lenken lassen. Sie dürfen, wenn sie Angst bekommen, die Augen sofort öffnen.

Erschweren kann man diese Aufgabe, indem die Richtungsangaben mit Norden, Osten, Süden und Westen und die Richtungsänderungen mit Winkelmaßen genannt werden (natürlich erst in der Sekundarstufe).

Die Wegbeschreibung:

Bei dieser Aufgabe wird der Weg vom Lehrer beschrieben.
Die Schüler sollen mittels einer Gedankenreise vom Klassenzimmer durchs Schulhaus gelenkt werden.
Beispiel: „Ihr geht aus dem Klassenzimmer heraus, wendet euch nach rechts, folgt dem Gang bis zum Ende …"
Am Ende sollen die Schüler ihren Haltepunkt nennen können.
Schwieriger wird es, wenn man den Startpunkt wechselt. So lässt man die Schüler von einem anderen Punkt im Schulhaus, auf dem Schulhof oder irgendwo im Ort starten. Wichtig ist, dass die Schüler die Örtlichkeiten kennen.
Später sollen die Gedankenreisen von Schülern angeleitet werden. Dies kann in Partnerarbeit oder in Gruppenarbeit geschehen. Zusätzlich könnten die Kinder die Wegbeschreibungen aufschreiben.

(28) Schnitzeljagd (Teil 1)

Die Zettelabschnitte für die Schnitzeljagd werden im Klassenzimmer und im Schulhaus ausgelegt. Die Schüler brauchen ihr Federmäppchen und eine Schere.

START: Dreht euch in die entgegengesetzte Richtung um (180-Grad-Drehung) und geht bis zur nächsten Wand.
Folgt der Wand nach rechts bis zur nächsten Ecke und dreht euch dort dreimal im Kreis herum.
Geht langsam rückwärts zur nächsten Ecke. Seid dabei vorsichtig.
Verlasst das Klassenzimmer leise durch die Tür und schließt die Tür.
Dreht euch nach links und geht 180 : 30 Schritte vorwärts. Schaut an der rechten Wand nach neuen Anweisungen.
Schleicht zur gegenüberliegenden Wand und zeichnet euer Lieblingstier auf das dortige Plakat. Schreibt euren Namen unter die Zeichnung.
Folgt der Wand nach links bis zur nächsten Tür und klopft dort leise an. Der Lehrer gibt euch einen Stern, den ihr sorgfältig anmalen und ausschneiden sollt. Verlasst dazu das Zimmer.
(Anweisungen aus dem Stern)
Setzt euch gemeinsam an einen Tisch und schreibt eine Geschichte mit den Stichwörtern „Sommer", „Sonne", „Ferien", „Schwimmbad" und „blutige Schramme". Kontrolliert eure Geschichte auf Schreibfehler.

(28) Schnitzeljagd (Teil 2)

Gebt die Geschichte beim Lehrer ab und holt euch die nächste Aufgabe.
Sucht die nächste Anweisung hinter der rechten Seite der Tafel.
Malt mit gelber Kreide eine Sonne an die Tafel. Zeichnet der Sonne mit roter Kreide ein lachendes Gesicht. Wascht euch dann die Hände am Waschbecken und haltet die Augen offen.
Ihr habt es geschafft. Toll! Eure Belohnung bekommt ihr vom Lehrer. **ENDE**

Vorlage:

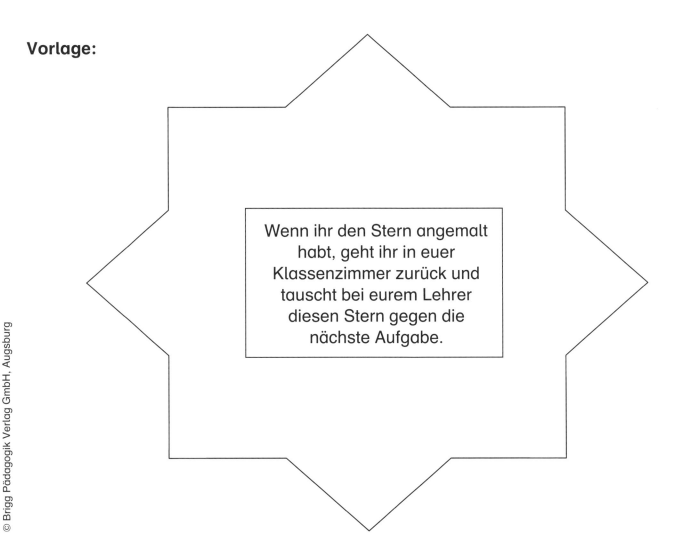

Wenn ihr den Stern angemalt habt, geht ihr in euer Klassenzimmer zurück und tauscht bei eurem Lehrer diesen Stern gegen die nächste Aufgabe.

Anmerkungen und Lösungen

Bei einigen Aufgaben haben wir Ihnen mehrere Varianten angegeben, sodass Sie je nach Niveau der Schüler den Schwierigkeitsgrad auswählen können.

zu (1) Sprachtest
Lösung:
Dein Name muss in der linken oberen Ecke des Blattes stehen und das heutige Datum in der rechten oberen Ecke.

Anmerkungen:
Das genaue Durchlesen der Anweisungen verhindert, dass ein Schüler in der zu kurzen Zeit die Aufgabe zu lösen versucht. Die Aufgabe endet bereits nach der zweiten Aufgabenstellung und die Zeit reicht ohne weitere Probleme.
Der Lehrer sollte sich auch nicht auf eine Zeitverlängerung einlassen. Der „Sprachtest" ist schließlich nicht als zu benotender Test gedacht. Die Schüler sollen darauf gestoßen werden, dass es sich immer wieder lohnt die Aufgabenformulierungen wirklich gründlich zu lesen.
Schon kurze Aufgabentexte oder mündliche Aufgabenstellungen und Anweisungen werden von vielen Schülern nicht vollkommen verstanden. Es mangelt meist am genauen Zuhören oder Lesen.

Nachdem die Aufgabe „Sprachtest" ausgeführt wurde, ist es sinnvoll, wenn Sie in der darauffolgenden Woche einen weiteren „Test" schreiben lassen – dieses Mal mit ähnlicher Aufgabenformulierung, jedoch vom Lehrer vorgetragen. Der Schwerpunkt verlagert sich auf das exakte Zuhören.

zu (2) Buchstabenmix
Lösung:
Aufgabe 1)

P	P	P	**D**	P	P	**B**	**D**	P	P	P	**R**	**R**	P	**B**
R	P	P	P	P	**D**	**D**	P	P	P	P	P	P	P	P
P	**B**	P	P	P	P	P	**D**	**D**	**B**	P	**R**	P	P	P
P	P	P	P	P	P	P	P	**R**	P	P	P	P	P	P
P	P	P	P	P	P	P	P	P	**D**	P	P	**D**	P	P
P	P	**D**	**D**	**D**	**B**	P	**B**	P	**B**	**R**	**R**	**R**	P	P
P	P	P	P	P	P	P	P	P	P	P	**R**	**B**	P	P

Aufgabe 2)

1. qdpdqp**bd**ooqp**bd**qdbpodbbqdq**bd**popodobqpo**bd**ddpqodpbpopod   4
2. opqpdbbobpqo**bd**bopqp**bd**ppqdbpobopqo**bd**dpoqdb**bd**opooqddbp   4
3. qqopoddbpobodbp**bd**qddbpop**bd**booqpdbppboqdp**bd**odoqdbp**bd**o   4
4. qpdobpoboddbpodobdopqdpqodqpdo**bd**obdqpqpdd**bd**obpqdbo**bd**   3
5. dbob**bd**boqpdb**bd**dodpqpdo**bd**oqododppqodb**bd**ppo**bd**oqpdodbod   5
6. pdoboodpboqqpdo**bd**dobpdbob**bdbd**ddopqdo**bd**oopbboqpdqpdbq   4
7. **bd**qpqdbpoo**bd**qpdbb**bd**poqoodbbopoboqoqbopp qbqpdbbo**bd**oo   4
8. odpqpdp**bd**podoboqppobodo**bd**dqoqpodboboopoqq**bd**opoddbod   3
9. dp**bd**opd**bd**pooqobo**bd**dop**bd**ooqp**bd**odopbooqdpo**bd**oqdopbo**bd**   7
10. pdoboqpd**bd**oqp**bd**oopdo**bddbd**poqpdobodo**bd**poqopdobdpoqbpd   5

Anmerkungen und Lösungen

zu (3) Wörter suchen
Lösung:
Aufgabe 1) **Rund um den Zoo.**

T							A	F	F	E	S	
I									S		C	
G		S							C		H	E
E		E							H		I	L
R		E	K						N		L	E
G		L	R						E	S	D	F
I		Ö	O						E	E	K	A
R		W	K						L	E	R	N
A		E	O						E	H	Ö	T
F			D						O	U	T	E
F	K		I						P	N	E	I
E	A		L						A	D		S
	M								R			B
	E								D			Ä
	L			P	I	N	G	U	I	N		R

Aufgabe 2) **Im Winter.**

					S				S	S	
						C			C	C	
							H		H	H	
S	C	H	I	F	A	H	R	E	N	N	
	H	A	N	D	S	C	H	U	H	E	E	E	I
S	C	H	L	I	T	T	S	C	H	U	H	E	T
									B	T	
			M	Ü	T	Z	E		A	E	
									L	N	
	W	O	L	L	S	C	H	A	L		L	
		S	C	H	N	E	E	M	A	N	N	
	W	E	I	H	N	A	C	H	T	S	M	A	N	N
		O	H	R	E	N	S	C	H	Ü	T	Z	E	R
		K	Ä	L	T	E					

41

Anmerkungen und Lösungen

Aufgabe 3) **In der Schule.**

(Wörtersuchsel-Lösung mit Wörtern: KPLASCHS, POLKRUSHTSCENK, FÜLLER, FOHSKCHLHAUFSLTSKEINKNADRMBEEIT PAUSE MATHEMATIK SCHULBUCH, MKALLALBSELSHOERCNEKZRIMMER CEZ ATNUDARE DN)

Aufgabe 4) **Obst und Gemüse.**

(Wörtersuchsel-Lösung mit Wörtern: BIRNEN, BOHNEN, BRENNOKKOLI, ERDBEEREN, ZITRONE, KIWI, KAROTTEN, BLUMENKOHL, ANANAS, HIMBEERE, BOHNEN, ORANGEN, ÄPFEL, KOPFSALAT)

Anmerkungen:
Bei diesen Aufgaben müssen die Schüler die Wörter genau aus dem Text herausfiltern. Es fällt ihnen meist schwer in großen Wörtersuchseln die Wörter zu finden und sie brauchen einige Zeit dafür.

Anmerkungen und Lösungen

zu (4) Nur ein Wort
Lösung:
Aufgabe 1)
(a) großer Hund
(b) blaues Hemd
(c) duftend grüne Wiese
(d) leuchtend rotes Auto
(e) tolles Hallenfussballturnier
(f) richtig rote Clownsnase

Aufgabe 2)
(a) Der Hund bellt laut.
(b) Schule macht Spaß.
(c) Heute haben wir keine Hausaufgaben.
(d) Ich gehe gerne in die Schule und treffe meine Freunde.

Aufgabe 3)
(a) Ich lese gerne.
(b) Das Haus ist schön.
(c) Der Elefant ist das größte Landsäugetier der Welt.
(d) Viele Kinder mögen keinen Spinat.
(e) Meine Mutter backt guten Kuchen.
(f) In den Sommerferien gehen wir in den Urlaub nach Amerika.
(g) Wenn man viel fernsieht, dann bekommt man viereckige Augen.
(h) Wer immer lügt dem glaubt man nicht, auch wenn er mal die Wahrheit spricht.
(i) Fischers Fritz fischt frische Fische, frische Fische fischt Fischers Fritz.

Anmerkungen:
Die Schwierigkeit die Wörter und Sätze zu erkennen, erhöht sich von Aufgabe zu Aufgabe. Die erste Aufgabe dient der Gewöhnung an dieses Übungsformat. Die Aufgaben 2 und 3 verlangen bereits mehr Konzentration in Hinblick auf das genaue Hinsehen und Lesen der Wortschlangen.

Unserer Erfahrung nach machen die Kinder vor allem zum Rückwärtsschreiben von Wörtern sehr gerne Übungen.
Eine Partnerarbeit dazu könnte so gestaltet sein, dass ein Schüler sich verschiedene Wörter überlegt und diese rückwärts aufschreibt. Sein Partner muss die Wörter nun lesen oder schreiben.

zu (5) Was passt nicht?
Lösungsvorschlag:

(a) Schreibtisch	(b) Gelb	(c) Kekse
(d) Tulpe	(e) Hitze	(f) Paris
(g) Gras	(h) Kastanienbaum	(i) Muttertag
(j) Fichte	(k) Papagei	(l) Erdbeere
(m) Lehrer	(n) Vater	(o) Kaninchen
(p) Zebra		

Anmerkungen:
Hier ist es wichtig, dass die Schüler **begründen**, warum das Wort nicht zur Reihe passt und um welchen **Oberbegriff** es sich handelt. Es können daher verschiedene Lösungen richtig sein.
Das Arbeitsblatt ist so konzipiert, dass der Schwierigkeitsgrad ansteigt.

Anmerkungen und Lösungen

zu (6) Finde die richtige Schreibweise
Lösung:

tulpe	**Tulpe**	Dulpe	Tulbe
Papier	Papir	papier	Bapier
stärker	sterker	sterger	Stärker
schwimmbecken	**Schwimmbecken**	Schwimbecken	Schwimmbeken
Vrieden	frieden	Friden	**Frieden**
glücklich	klücklich	klüklich	Glücklich
Blumenbeet	blumenbeet	Blumenbet	Blumenbeht
zufrieden	zufriden	zuvrieden	Zufrieden
Stul	stuhl	**Stuhl**	Stull
Fehler	Fähler	fehler	Feler
Gier	gier	Gir	Kier
frölich	Fröhlich	vröhlich	**fröhlich**

Anmerkungen:
Das Arbeitsblatt schult das differenzierte Hinsehen und das Finden von kleinen Unterschieden. Was unterscheidet die vier Schreibweisen und welche ist die Richtige? Und warum ist diese Schreibweise richtig? Durch das zusätzliche Schreiben der Wörter prägt sich die korrekte Schreibweise ein.

zu (7) Der Hase Ronny
Anmerkungen:
Ähnliche Aufgaben lassen sich recht schnell sowohl für die Primarstufe als auch für die Sekundarstufe herstellen, wenn man einen kurzen Text aus einem Sprachbuch nimmt und dazu Verständnisfragen stellt. Dabei sollte man darauf achten, dass die Fragen tatsächlich so herausfordernd und ähnlich gestellt werden, dass die Schüler den Text gründlich gelesen und sich die Details des Textes eingeprägt haben müssen. Dies funktioniert zum Beispiel, indem man Namen falsch schreibt, Aussagen dem falschen Akteur der Geschichte zuordnet oder Beschreibungen abfragt.
Die Schüler dürfen jederzeit nachsehen. Sie sollen jedoch zählen, wie oft sie nachschauen mussten.

Variieren kann man diese Aufgabe, indem die Schüler den Text nicht umfalten müssen, sondern der Text (wie bei einem Laufdiktat) irgendwo im Klassenzimmer ausgehängt wird. Die Schüler müssen sich dann den Text am ausgehängten Ort durchlesen, merken und die Fragen am eigenen Platz beantworten. Soll die Aufgabe von mehreren Schülern gleichzeitig bearbeitet werden, so empfiehlt es sich, den gleichen Text an verschiedenen Orten im Zimmer aufzuhängen um Gedränge zu vermeiden.
Alternativ könnte die Geschichte vom Lehrer – möglichst zweimal – vorgelesen werden. Die Kinder beantworten die Fragen jetzt nur aus dem Gedächtnis. Zur Unterstützung kann der Lehrer die Geschichte am Ende der Aufgabe noch ein letztes Mal vorlesen, wobei die Schüler ihre Antworten prüfen.

Eine einfache Möglichkeit, um den Schwierigkeitsgrad dem Niveau der Klasse anzupassen, ist es, längere Geschichten auszuwählen.

Anmerkungen und Lösungen

zu (8) Was ist denn hier los?
Lösung:

[X] Die kleine Lisa spielt gerne Flöte und singt dazu.

[ ] Langsame Fahrradfahrer können schneller bremsen.

[X] Lila Kühe fressen grünes Gras.

[X] Bert ist ein richtiger Pechvogel, weil ihn gestern schon wieder eine tote Biene gestochen hat.

[X] Ein Zebrastreifen hat genauso bunte Streifen wie ein Zebra.

[X] Schlaue Hunde können am Geruch hören, wenn ihr Fressen gemacht wird.

[ ] Mit einem grünen Fahrrad darfst du nicht über eine rote Ampel fahren.

[X] Schneidest du bei einem Viereck alle drei Ecken ab, dann bekommst du ein Achteck.

[ ] An einem Farbfernseher kannst du die Lautstärke beliebig verstellen.

[X] Die langen, schwarzen Haare eines Glatzköpfigen kann der Frisör leicht pflegen.

[X] Es ist nicht richtig seine Freunde nicht zu schlagen.

[ ] Drehst du dich einmal im Kreis und dann wieder zurück, dann stehst du so da wie vorher.

[ ] Läufst du 100 m zur Hälfte rückwärts, dann bist du auch 50 m gelaufen.

Anmerkungen:
Bei diesem Text wird das präzise Sich-Vorstellen und Hinterfragen des Inhalts geschult.

Diese Art von falschen und richtigen Sätzen lässt sich zu jeder Altersstufe, zu jedem Schwierigkeitsgrad und für jegliche zeitliche Differenzierung erstellen. Dabei liegt der Anspruch im Detail. Kleinigkeiten werden in einem richtigen Satz verändert oder ein richtiger Satz wird mit einigen „unnötigen" Zusätzen erweitert, damit die Schüler genauer darüber nachdenken müssen. Als schwierig stellen sich immer wieder doppelte Verneinungen heraus. Damit kann man einige „normale" Sätze ebenso erschweren.

zu (9) Finde den richtigen Satz
Lösung:
(a) Die dritte Klasse macht heute einen Ausflug.
(b) Sie fahren mit dem Zug und der Straßenbahn nach Stuttgart in den Zoo.
(c) An der Kasse des Zoos kauft die Lehrerin eine Gruppenkarte für 24 Schüler.
(d) Die Klasse ist früh im Zoo und noch ist dort nicht viel los.
(e) Die Lehrerin hat eine Zoorallye vorbereitet.
(f) Die Klasse wird in sechs Gruppen mit jeweils vier Schülern eingeteilt.
(g) Jede Gruppe hat dieselben Aufgaben im Zoo zu erfüllen.
(h) Die Schüler müssen für die Rallye herausfinden, wie alt Eisbären werden können oder wie viele Pinguine im Pinguinkäfig zu sehen sind.
(i) Die Rallye gewinnt die Gruppe von Marlene, Hilal, Paul und Pavel.
(j) Nach der Rallye schauen sich alle die Fütterung im Raubtierhaus an.
(k) Auf dem Heimweg sind alle Schüler der Meinung, dass es ein toller Tag war.

Anmerkungen:
Die Schwierigkeit besteht hier darin, dass die Sätze inhaltlich und grammatikalisch richtig sein müssen. Als weitere Aufgabe kann man die Schüler Sätze aus einem Buch oder Text suchen und diese verdreht

Anmerkungen und Lösungen

aufschreiben lassen. Der Partner soll die Wörter dann in die richtige Reihenfolge bringen.
Eine Steigerung dieser Übung wäre es, wenn die Schüler sich eigene Sätze überlegen und die Wörter verdrehen, sodass der Nachbar oder eine Schülergruppe die Sätze korrekt bilden muss.
Alternativ kann als Auflockerung ein Würfel eingesetzt werden, um nach dem Zufallsprinzip Sätze umzubauen. Die Schüler schreiben einen Satz auf, nummerieren die Wörter des Satzes und erwürfeln die umgestellte Wortfolge.

zu (10) Purzel-Geschichte
Anmerkungen:
Neben dem Leseverstehen wird bei dieser Aufgabe das Ordnen von Sprache und Sätzen geübt. Außerdem wird das richtige Abschreiben eines vorgegebenen Textes trainiert.

Um die Aufgabe zu erleichtern, schneidet man die Sätze aus und lässt sie in die richtige Reihenfolge legen, bevor die Schüler sie abschreiben. Eine weitere Erleichterung ist es, die Sätze zu nummerieren. Diese beiden Möglichkeiten sollten jedoch nur als Hilfsmöglichkeiten genutzt werden. Die Schüler sollen zuerst die Aufgabe ohne Hilfe lösen.
Das Niveau kann gehoben werden, indem längere Texte oder schwierigere Texte aus einem Buch kopiert, zerschnitten und durcheinander wieder zusammengefügt werden.

zu (11) Merkwürdige Geschichten
Lösung:
Das Finale
Bei einem kleinen Fußballturnier von vielen Grundschulen kam Benjamins vierte Klasse von der Grundschule in Tannenheim bis ins Endspiel. ~~Benjamin hatte braune Haare.~~ Und es war ein spannendes Finale.
Leider hatten die Tannenheimer einen schlechten Start erwischt und lagen schon nach fünf Minuten mit zwei Toren zurück. ~~Die Sonne schien über dem Fußballplatz. Und Schmetterlinge flogen über die Wiese.~~ Aber Benjamin und sein Freund Ralf stürmten weiter eifrig auf das gegnerische Tor zu. Gemeinsam konnte man sie kaum aufhalten. ~~Benjamin mochte Ralf sehr.~~
Ihr Klassenkamerad Manuel flankte von links vors Tor. Benjamin kam nur knapp mit dem Kopf an den Ball und lenkte ihn zu Ralf, der den Ball aus vollem Lauf ins Netz schoss. ~~Der Torhüter hatte graue Handschuhe an.~~ Kurze Zeit später spielten sich Ralf und Benjamin den Ball immer wieder an den Gegnern vorbei zu und schließlich konnte Ralf erneut einen erfolgreichen Schuss aufs Tor abgeben, der in die obere rechte Ecke ging.
Nun stand es zwei zu zwei und es blieb nur noch eine Minute bis zum Schluss. ~~Es war jetzt also Unentschieden zwischen den beiden Mannschaften.~~
Andreas spielte oft in der Abwehr. ~~Und der linke Fuß war sein stärkerer Fuß.~~ Er spielte den Ball schnell nach vorne zu Manuel, der zwei Spieler umdribbelte und einen steilen Pass vors Tor folgen ließ. Der Ball schien immer schneller zu werden, doch Benjamin konnte ihn gerade noch mit der Fußspitze erreichen und ganz knapp am Torwart vorbeischieben.
Der Jubel um das Siegtor war riesengroß und die Tannenheimer feierten dies ausgiebig. ~~Und Benjamin freute sich schon aufs Abendessen. Seine Mutter wartete schließlich schon auf ihn.~~

Anmerkungen:
Die Aufgabe macht es erforderlich, beim Lesen auf die Details zu achten, kritisch mitzudenken und somit unwichtige Informationen herauszufiltern. Zunächst sollten die Kinder die Geschichte als Ganzes lesen, bevor die überflüssigen Textteile gestrichen werden.

Anschließend könnte die richtige Geschichte ins Heft geschrieben werden.

Anmerkungen und Lösungen

zu (12) Bilder zur Geschichte
Lösungshilfe für Schüler/-innen:
Dies sollte auf deinem Bild oder deiner Bildergeschichte zu sehen sein:

	brauner Bär		Lichtung		Fuchs zaubert
	Hase		Wald		Hase springt
	Eule		schwitzen		Eichhörnchen klettert
	Fuchs		Sonne		Eule sagt die Zukunft voraus
	Eichhörnchen		Zuschauer		Bär als Clown
	Reh		jubeln		Reh jongliert

Nimm dir die Lösung und sieh nach, wie viele der dort aufgelisteten Merkmale du auf deinem Bild oder deiner Bildergeschichte erkennen kannst und kreuze sie an.
Jedes richtige Merkmal gibt einen Punkt.   Ergebnis: _____ Punkte

Anmerkungen:
Bei dieser Aufgabe geht es um Detailtreue. Der Text sollte mehrmals gelesen werden, um zu kontrollieren, ob das gemalte Bild vollständig ist.

Zusätzlich kann man der Klasse verschiedene Geschichten und Texte vorlesen und aus dem Gedächtnis ein Bild dazu malen lassen. So müssen die Schüler genau zuhören, die wichtigen Informationen speichern, hierbei eventuell im Kopf schon ein Vorstellungsbild der Szene/Geschichte entwickeln und anschließend ein Bild mit möglichst vielen Einzelheiten zeichnen.

zu (13) Bildergeschichte 1
Lösung:
Als Max und Selim morgens zur Schule gehen, entdecken sie entsetzt den Abfall, der um den Baum vor ihrer Wohnung herumliegt. Mittags, als sie aus der Schule kommen, sehen sie, dass sich der Müllberg inzwischen noch vergrößert hat. „Das sieht ja schlimm aus! Können wir da nicht etwas tun?", überlegt Max. Selim hat eine gute Idee. Am Nachmittag sammeln sie den ganzen Abfall ein. Von ihrem Taschengeld haben sie kleine Pflänzchen gekauft. Diese Pflänzchen pflanzen sie sorgfältig ein. Schließlich haben sie ein kleines Blumenbeet angelegt und hoffen, dass die Leute dort keinen Abfall mehr hinwerfen.

Anmerkungen:
Diese Aufgabe schult das genaue Betrachten. Die Schüler müssen die vier Bilder der Bildergeschichte konzentriert anschauen, um dann anschließend die Sätze in die richtige Reihenfolge bringen zu können. Zusätzlich wird hier auch das Leseverstehen geübt.

zu (14) Bildergeschichte 2
Lösung:

Anmerkungen:
Wie in Bildergeschichte 1 geht es hier um das genaue Betrachten. Was passiert auf den Bildern bzw. was hat sich geändert?

Anmerkungen und Lösungen

Diese Aufgabe kann auch in Partnerarbeit ausgeführt werden. Die Schüler müssen zusätzlich begründen, warum sie sich für eine bestimmte Reihenfolge entschieden haben.
Zusätzlich könnten die Schüler noch ein fünftes Bild zeichnen, das den Schluss der Geschichte zeigt oder es wäre möglich, die Bildergeschichte als Geschichte aufschreiben zu lassen.
Diese Bildergeschichte eignet sich gut für ein Unterrichtsgespräch zum Thema „Streit und Versöhnung". Die Schüler könnten nach Alternativen suchen, die den Streit verhindern würden.

zu (15) Was erzählt der da?
Lösung:
Die Lösung befindet sich auf dem Arbeitsblatt, damit die Schüler ihre Partner kontrollieren können.

zu (16) Wo muss ich denn da hin?
Lösung:
1) Tiergartenstraße
2) Alt-Moabit
3) Tegeler Weg
4) Schloss Charlottenburg

Anmerkungen:
Die Schüler brauchen für diese Übung eine kurze Rechts-links-Vorübung und sollten den Begriff „Querstraße" erklärt bekommen. Bei dieser Aufgabe werden Erfahrungen in der Orientierung innerhalb eines Stadtplans und in der Rechts-links-Beziehung gemacht. Außerdem müssen die Schüler sich Bewegungen anhand der Karte vorstellen und nachvollziehen können.

Als weitere Vertiefungen zum Thema bietet sich der Stadtplan des eigenen Wohnortes an. Hier sollen die Schüler wieder Wegbeschreibungen nachvollziehen können. Zusätzlich können sie sich selbst Wegbeschreibungen ausdenken, diese aufschreiben und die jeweilige Aufgabe dem Partner stellen. Einige Beschreibungen können aufgegriffen und gemeinsam an der Tafel oder im Unterrichtsgespräch nachvollzogen werden.
Interessant ist es auch, Fantasiestadtpläne zu entwerfen und sie dann als Grundlage für Wegbeschreibungen zu nutzen (z. B. als Aufgabenstellung im Kunstunterricht).

zu (17) Viele Fragen
Lösung:
(a) Wie viele Kinder sind auf dem Geburtstag?
    Wie viele Stücke Pizza darf jedes Kind essen?
(b) Wie lange sind sie unterwegs?
    Wie lange brauchen Jessicas Eltern zum Wandern?
    Wie viele Personen sind unterwegs?
(c) *Die letzten beiden Fragen können gar nicht beantwortet werden. Bei den ersten beiden können keine Gewichtsangaben gemacht werden. Man könnte nur bei der ersten Frage antworten: Heute wiege ich doppelt so viel wie vor zehn Jahren und bei der zweiten Frage: Vor zehn Jahren wog ich halb so viel wie ich heute wiege.*
(d) Wie viel wiegt ein 30 Jahre alter Mann?

Anmerkungen:
Diese Aufgaben fordern zum logischen Denken und Hinterfragen auf. Die im Text angegebenen Daten müssen genau erfasst werden. Durch das Finden der passenden Fragen wird das Textverständnis geprüft.

Ein solcher Aufgabentyp kann leicht aus den Textaufgaben des Mathematikunterrichts gestaltet werden. Zunächst kommt es bei jeder Textaufgabe auf das Textverständnis an. Danach ist erst das Erstellen der dazugehörigen Rechenaufgabe und das richtige Rechnen notwendig.

Anmerkungen und Lösungen

zu (18) Komische Sachaufgaben
Anmerkungen:
Sachaufgaben sind in der Mathematik der schwierigste Aufgabentyp, weil hier ein Text- und Inhaltsverständnis vom Schüler gefordert wird. Dieses Verständnis fällt vielen Schülern schwer, da sie sich häufig nicht in die Aufgabe hineinversetzen, um sich bildhaft vorzustellen, was genau geschieht.

Diese Aufgaben lassen sich aus einer gewöhnlichen Sachaufgabe erstellen, indem die entscheidenden Wörter und Einheiten ausgetauscht werden.

zu (19) Rechenschritte
Lösung:
Aufgabe a)

4	Wie teuer ist der gesamte Einkauf? (6,30 €)
2	Wie viel muss Mia für die Nudeln bezahlen? (1,77 €)
1	Wie viel kostet die Milch insgesamt? (1,38 €)
3	Wie viel kosten die Tomaten insgesamt? (1,16 €)

Aufgabe b)

3	Welche Mannschaft gewinnt? (Mannschaft 1: 39 / 36)
1	Wie steht es, nachdem von jeder Mannschaft 3 Spieler geworfen haben? (Gleichstand: 22 / 22)
2	Welche Mannschaft führt vor dem letzten Wurf? (Mannschaft 1: 30 / 27)

Aufgabe c)

1	Wie weit springt Lars? (2,60 m)
4	Wer springt am weitesten? (Lars: 2,60 m)
3	Wie weit springt Peter? (2,10 m)
2	Wie weit springt Dirk? (2,20 m)
4	Wer springt am kürzesten? (Peter: 2,10 m)

Aufgabe d)

3	Welcher Wurf war der schlechteste? (2. Wurf)
2	Was hat er mit dem zweiten Wurf getroffen? (12)
1	Wie viele Punkte hat er mit dem ersten und dritten Wurf erzielt? (35)

Anmerkungen zur Lösung:
Aufgabe a)
Die in der Lösung gezeigte Reihenfolge ist sinnvoll, da die Einkäufe wie in der Aufgabe aufgelistet abgearbeitet und errechnet werden. Es ist allerdings nicht falsch, wenn die Schüler die Punkte 1-3 in eine andere Reihenfolge bringen, da dies zum selben Ergebnis führt.
Aufgabe b)
Die einzelnen Aufgaben lassen sich auch ohne Zwischenergebnisse errechnen, deshalb ist die Reihenfolge egal. Dennoch ist es geschickter in der Reihenfolge der Lösung zu rechnen, da man hier zuvor gerechnete Ergebnisse weiterverwendet.
Aufgabe c)
Die Ergebnisse 1-3 müssen in der angegebenen Reihenfolge errechnet werden. Für die verbleibenden beiden Aufgaben ist keine Rechnung mehr erforderlich, sondern nur die Auswertung der ersten drei Ergebnisse.
Aufgabe d)
Die angegebene Reihenfolge ist die einzig logische Rechenreihenfolge.

Anmerkungen und Lösungen

Anmerkungen:
Die Aufgaben erfordern, dass die Schüler genau lesen und konzentriert ihren Rechenprozess durchdenken, um eine sinnvolle Rechenreihenfolge erstellen zu können.

zu (20) So einfach ist es nicht! (Kapitänsaufgaben)
Anmerkungen:
Unter „Kapitänsaufgaben" versteht man Aufgaben, die für die Fragestellung keine relevante oder nur unvollständige Informationen enthalten. Sie sind also nicht lösbar. Durch diese Aufgaben soll bei den Schülern ein kritischer Umgang mit Zahlen und Texten geschult werden.
Die Schüler setzen sich mit der Sinnhaftigkeit und der Logik von Aufgabenstellungen auseinander. Sie bemerken, dass nicht jede Aufgabe lösbar ist und dass es wichtig ist, alle Angaben aufmerksam zu lesen und den Sinn herauszufinden, bevor man anfängt zu rechnen.

Weitere mögliche Fragestellungen:
Woran liegt es, dass diese Aufgabe unlösbar ist?
Kann ich die Aufgabe verändern, um sie lösen zu können?
Erfinde selbst eine solche Kapitänsaufgabe.

Man könnte bei den Kapitänsaufgaben auch die Fragen weglassen. Die Schüler müssen nun selbstständig eine Frage und die passende Lösung finden.

zu (21) Zahlengitter
Lösung:

1	3	3						8	
				2	8			8	3
9	0	8		5	8	4		8	2
		2		4	9	5			1
		3				1			
		5							
	6	8	7				9	8	7
							5	4	3
7			6	0	9				
6							5	1	2
8		1	5	4			6	7	0
			2	2	2			8	6	7
9	9	9						7	9	9

Anmerkungen und Lösungen

zu (22) Finde die richtige Zahl
Lösung:

(a) achttausenddreihundertvierundzwanzig
8 342   **8 324**   8 432   8 243

(b) dreitausendvierhundertsiebzig
3 470   3 407   3 740   3 704

(c) fünftausenddreihunderteinundsechzig
5 316   5 360   **5 361**   5 163

(d) viertausendfünfhundertacht
4 850   4 580   4 805   **4 508**

(e) sechstausendneunhundertneunzig
6 990   6 909   6 099   6 999

Anmerkungen:
Diese Aufgabe schult das genaue Hinsehen und vor allem das genaue Lesen von Zahlenwörtern. Der Zahlenraum bis 10 000 wird hier vorausgesetzt. Bei jüngeren Schülern muss daher das Arbeitsblatt entsprechend abgeändert werden.

Als weitere Möglichkeit eignet sich auch das Zahlendiktat. Hier wird das genaue Zuhören geschult. Zwei Schüler arbeiten zusammen und diktieren sich gegenseitig Zahlen. Der eine Schüler diktiert und der andere Schüler schreibt die gehörte Zahl auf. Danach wird gewechselt.

zu (23) Gegenstände abzeichnen
Anmerkungen:
Die Aufgaben schulen das genaue Abzeichnen und bauen im Hinblick auf den Schwierigkeitsgrad aufeinander auf.

Das Abzeichnen von der Tafel ist genauso möglich, sollte jedoch auf Karopapier erfolgen.
Für weitere Übungen kann man irgendwelche Figuren nehmen, auch solche, die sich nicht vollkommen exakt abzeichnen lassen (z. B. Kreise, Halbkreise, Wellenlinien).

Als aufbauende Übungen, vor allem im Mathematikunterricht, empfehlen sich Spiegelungen, also Ergänzungen einer Teilfigur zu einer gespiegelten Gesamtfigur oder Spiegelungen einer Gesamtfigur zu deren Verdopplung.

zu (24) Der Malertest
Anmerkungen:
Die Schüler üben beim „Malertest" das exakte Anmalen und die Bewertung der Arbeitsergebnisse des Partners. Viele Schüler arbeiten beim Malen eher schnell und ungenau.

Die Aufgabenstellung mit der Partnerbeurteilung sollte jedoch im Klassenverband kurz besprochen werden. Als Alternative können die Bilder auch von der gesamten Klasse beurteilt werden. Dazu werden alle Bilder nebeneinandergelegt und die Schüler sollen sie nach Sorgfalt ordnen.

Ähnliche Aufgaben kann man bei Mandalas mündlich oder schriftlich stellen. Den größten Wert sollte man aber auch hierbei auf das gründliche Ausmalen der Bilder legen.

zu (25) Rücken an Rücken
Anmerkungen:
Die Schüler müssen sich genaue Anweisungen geben und zusätzlich sauber ausmalen. Als Lösung dient das gemalte Bild des Kindes, das die Anweisungen gibt.
Beim ersten Bild geht es um die Beschreibung der einzelnen Gegenstände und Körperteile des abgebildeten Tiers. Im zweiten Teil müssen mathematische Formulierungen verwendet werden.

Anmerkungen und Lösungen

zu (26) Fehlersuche
Anmerkungen:
Die Aufgaben schulen das genaue Hinsehen und bauen von der Schwierigkeit aufeinander auf.
Um die Aufgabe 2 zu erleichtern kann man den Schülern das fertige Bild vorgeben. Sie müssen dann nur noch die Bilder vervollständigen.

Um zusätzlich die Merkfähigkeit der Schüler zu schulen, kann man ein einfaches Bild (z. B. ein Haus mit einer Tür, zwei Fenstern und daneben ein Baum mit einem Vogelhäuschen) an die Tafelinnenseite zeichnen. Die Schüler schauen sich das Bild eine Minute lang an. Dann wird die Tafel geschlossen und die Schüler müssen das Bild auswendig auf ein Blatt Papier nachzeichnen. Danach können die Schüler ihr Bild mit dem Tafelbild vergleichen.
Noch schwieriger wird dies, wenn das Bild auf der karierten Tafel gezeichnet wird und die Schüler dieses exakt auf Karos übertragen müssen.

zu (28) Schnitzeljagd
Anmerkungen:
Die Schnitzeljagd sollte in Partner- oder Gruppenarbeit gespielt werden. Voraussetzung ist es, dass sich die Schüler leise im Schulhaus und im Klassenzimmer verhalten können.
Die Zettel mit weiteren Anweisungen hängen jeweils an der Stelle, an die die Schüler geschickt werden. Zudem hängen die neuen Zettel immer in Blickrichtung der Schüler, da auch halbe oder ganze Drehungen der Schüler ganz entscheidend sind.
Je nach Schulhaus und Klassenzimmer müssen die Zettel umgeschrieben werden, doch sind die Anweisungen vermutlich in den meisten Schulen ausführbar.

Als Vorübung können Rechts-links-Übungen gemacht werden. Dies kann beispielsweise in Form einer Gedankenreise oder einer Fantasiereise geschehen.

Der neue Pädagogik-Fachverlag für Lehrer/-innen

Erprobte Materialien zur Förderung der Konzentration im Unterricht!

Birgit Gailer

Mit Punktebildern das Gehirn trainieren

Arbeitsblätter zur Schulung von Funktionen der Intelligenz

1./2. Klasse	2./3. Klasse	3./4. Klasse
32 S., DIN A4, Kopiervorlagen	32 S., DIN A4, Kopiervorlagen	32 S., DIN A4, Kopiervorlagen
Best.-Nr. 367	**Best.-Nr. 368**	**Best.-Nr. 369**

Neuartiges Trainingsmaterial zur Förderung der Intelligenz und der Konzentration! Die Kinder zeichnen vorgegebene Punktebilder auf einem Punktegitter ganz genau nach. Dabei steigert sich der Schwierigkeitsgrad von Arbeitsblatt zu Arbeitsblatt. Auch Buchstaben und ganze Wörter können im Punktegitter gefunden und gezeichnet werden.

Benedikt Bockemühl/
Ulrike Pfister

Die allerbesten Bewegungspausen

Originell – sofort einsetzbar – schülergetestet

56 S., DIN A4,
Ideen für die Praxis
Best.-Nr. 503

Sofort einsetzbare Bewegungspausen für 100 Prozent mehr Spaß, Konzentration und Leistungsfähigkeit im Unterricht! Im ersten Teil des Bandes werden **Aktivierungsübungen**, im zweiten Teil **Entspannungsübungen** angeboten. Die Muskulatur wird gestärkt, Kreativität, Konzentration und Klassenklima werden deutlich verbessert.

Weitere Infos, Leseproben und Inhaltsverzeichnisse unter
www.brigg-paedagogik.de

Bestellcoupon

Ja, bitte senden Sie mir / uns mit Rechnung

____ Expl. Best.-Nr. _____

____ Expl. Best.-Nr. _____

____ Expl. Best.-Nr. _____

____ Expl. Best.-Nr. _____

Meine Anschrift lautet:

Name / Vorname

Straße

PLZ / Ort

E-Mail

Datum/Unterschrift   Telefon (für Rückfragen)

Bitte kopieren und einsenden/faxen an:

**Brigg Pädagogik Verlag GmbH
zu Hd. Herrn Franz-Josef Büchler
Zusamstr. 5
86165 Augsburg**

☐ Ja, bitte schicken Sie mir Ihren Gesamtkatalog zu.

Bequem bestellen per Telefon / Fax:
Tel.: 0821/45 54 94-17
Fax: 0821/45 54 94-19
Online: www.brigg-paedagogik.de

Der neue Pädagogik-Fachverlag für Lehrer/-innen
Methoden- und Sozialkompetenz fächerübergreifend vermitteln!

Bernd Wehren
Der Flüster-Führerschein
für eine ruhige und friedliche Atmosphäre in Klassenzimmer und Schule

64 S., DIN A4
Kopiervorlagen,
32 Flüster-Führerscheine
Best.-Nr. 434

Klassensatz farbiger Flüster-Führerscheine

8 Bögen mit je 4 Führerscheinen
Best.-Nr. 458

Diese **differenzierten Arbeitsblätter** unterstützen Ihre Schüler, leise und friedlich miteinander zu reden, zu spielen und zu arbeiten. Der Flüster-Führerschein motiviert sie, ihr Verhalten über einen längeren Zeitraum zu beobachten, zu reflektieren und testen zu lassen.

Renate Potzmann
Wie lerne ich erfolgreich?
Planvolles Lernen und Arbeiten in der Schule und zu Hause

3./4. Klasse

116 S., DIN A4,
mit Kopiervorlagen
Best.-Nr. 407

Ein **umfassendes Praxisbuch** mit einer Fülle von Vorlagen und Übungen! Die Trainingsbausteine ermöglichen ein Förderprogramm, das bei Grundschülern schrittweise eine **erfolgreiche Lern- und Arbeitshaltung** aufbaut. Die Kinder werden individuell auf selbstorganisiertes Lernen vorbereitet und versuchen verstärkt, eigene Lernwege zu beschreiten. Ideal für den Übertritt in die weiterführende Schule!

Christa Koppensteiner
Gute Umgangsformen
Übungsbausteine für den Unterricht zur Förderung der Sozialkompetenz

ab Klasse 3

60 S., DIN A4,
Kopiervorlagen mit Lösungen
Best.-Nr. 455

Die **fünf Übungsbausteine** tragen im Unterricht erfolgreich dazu bei, die Klassengemeinschaft zu verbessern, das Selbstvertrauen zu stärken, den respektvollen Umgang mit anderen zu üben und zu lernen, positiv zu kommunizieren und Konfliktlösungsstrategien kennenzulernen und anzuwenden. Mit **gut aufbereiteten Arbeitsmaterialien**.

Elisabeth Nowak
Miteinander Schule leben
Demokratie erleben und Werte erlernen

Ein Praxishandbuch

148 S., DIN A4
Best.-Nr. 380

Das Praxishandbuch nimmt **Demokratie – verstanden als Lebensform und soziale Idee** – als pädagogische Aufgabe in den Blick und gibt Antworten auf folgende Fragen: Wie kann eine nachhaltige Werte-Erziehung an der Schule stattfinden? Wie können Grundschulkinder die für die Entwicklung ihrer Mündigkeit nötigen **Schlüsselkompetenzen** und demokratischen Fähigkeiten erwerben? Mit **motivierenden Anregungen** und **zahlreichen durchdachten Materialien**.

Bestellcoupon

Ja, bitte senden Sie mir/uns mit Rechnung

_____Expl. Best.-Nr. _____

_____Expl. Best.-Nr. _____

_____Expl. Best.-Nr. _____

_____Expl. Best.-Nr. _____

Meine Anschrift lautet:

Name / Vorname

Straße

PLZ / Ort

E-Mail

Datum/Unterschrift   Telefon (für Rückfragen)

Bitte kopieren und einsenden/faxen an:

**Brigg Pädagogik Verlag GmbH
zu Hd. Herrn Franz-Josef Büchler
Zusamstr. 5
86165 Augsburg**

☐ Ja, bitte schicken Sie mir Ihren Gesamtkatalog zu.

Bequem bestellen per Telefon/Fax:
Tel.: 0821/45 54 94-17
Fax: 0821/45 54 94-19
Online: www.brigg-paedagogik.de

Der neue Pädagogik-Fachverlag für Lehrer/-innen
Die Begeisterung der Kinder fürs Lesen gezielt wecken und fördern!

Astrid Hoffart

Astrid Lindgren und Ronja Räubertochter

Erfrischend neue Ideen und Materialien zu Astrid und Ronja

160 S., DIN A4,
Kopiervorlagen mit Lösungen
Best.-Nr. 431

Ein kreatives Ideenfeuerwerk mit **handlungs- und produktionsorientierten Ideen und Materialien** zu Astrid Lindgrens Kindheit und ihrem Buch „Ronja Räubertochter"! Ausgehend von Astrid Lindgren selbst teilt sich das Buch in zwei Bereiche: einen biografischen Teil mit der Kindheit der Autorin und einen literarischen Teil zu Lindgrens Roman „Ronja Räubertochter". Mit einführenden und vertiefenden Stunden sowie Schatzkisten, in denen **zusätzliches Material** bereitgestellt wird.

Monika Nowicki

Texte und Arbeitsblätter für eine gezielte Leseförderung

Für Spürnasen und Träumer, Spitzbuben und Streuner

4. Klasse

116 S., DIN A4,
Kopiervorlagen mit Lösungen
Best.-Nr. 447

Der Band bietet **12 neue, zeitgemäße** und **spannende Texte** für den Leseunterricht der 4. Klasse. Das Übungsmaterial motiviert die Kinder durch seinen spielerisch-herausfordernden Charakter und ermöglicht Ihnen eine differenzierte Förderung verschiedener Lesetechniken.
Die **Lösungsblätter** am Ende jeder Sequenz dienen zur Selbstkontrolle und erleichtern Ihnen die Unterrichtsvorbereitung.

Bernd Wehren

Rätselhafte Lese-Labyrinthe

Spielerisch lesen und schreiben in drei Schwierigkeitsstufen

1.– 4. Klasse

72 S., DIN A4,
Kopiervorlagen mit Lösungen
Best.-Nr. 606

Die 14 leichten, zehn mittleren und sechs schweren Lese-Labyrinthe fordern die Kinder dazu auf, den richtigen Weg zu finden und damit zu einem sinnvollen Text zu gelangen.
Die **30 unterschiedlich schweren Aufgabenblätter** sind immer gleich aufgebaut, sodass die Kinder selbstständig arbeiten können.
Mit allen **Lösungen** und **Blanko-Vorlagen**.

Almuth Bartl

Leserätsel

Mit Rudi Karotti lesen üben

Kopiervorlagen

1./2. Klasse	2./3. Klasse
52 S., DIN A4,	52 S., DIN A4,
Best.-Nr. 288	**Best.-Nr. 289**

Diese Bände enthalten eine Fülle an abwechslungsreichen Leserätseln. Trainiert wird neben dem Lesen von einzelnen Wörtern, kurzen Sätzen und kleinen Texten auch der Umgang mit anspruchsvolleren Texten: Die Kinder spüren versteckte Wörter nach, lösen Bilder-, Silben- und Gitterrätsel, finden Unsinnssätze heraus. Geeignet für Einzel- und Partnerarbeit. Ideal auch für die Freiarbeit und den differenzierten Unterricht u. v. m.

Bestellcoupon

Ja, bitte senden Sie mir / uns mit Rechnung

_____ Expl. Best.-Nr. _____
_____ Expl. Best.-Nr. _____
_____ Expl. Best.-Nr. _____
_____ Expl. Best.-Nr. _____

Meine Anschrift lautet:

Name / Vorname

Straße

PLZ / Ort

E-Mail

Datum/Unterschrift   Telefon (für Rückfragen)

Bitte kopieren und einsenden/faxen an:

**Brigg Pädagogik Verlag GmbH
zu Hd. Herrn Franz-Josef Büchler
Zusamstr. 5
86165 Augsburg**

☐ Ja, bitte schicken Sie mir Ihren Gesamtkatalog zu.

Bequem bestellen per Telefon / Fax:
Tel.: 0821 / 45 54 94-17
Fax: 0821 / 45 54 94-19
Online: www.brigg-paedagogik.de